मेरे ऐहसास

सुचिता सैनी

Copyright © Suchita Saini
All Rights Reserved.

This book has been published with all efforts taken to make the material error-free after the consent of the author. However, the author and the publisher do not assume and hereby disclaim any liability to any party for any loss, damage, or disruption caused by errors or omissions, whether such errors or omissions result from negligence, accident, or any other cause.

While every effort has been made to avoid any mistake or omission, this publication is being sold on the condition and understanding that neither the author nor the publishers or printers would be liable in any manner to any person by reason of any mistake or omission in this publication or for any action taken or omitted to be taken or advice rendered or accepted on the basis of this work. For any defect in printing or binding the publishers will be liable only to replace the defective copy by another copy of this work then available.

क्रम-सूची

1. मेरा सपना

मेरा भी सपना है कि मैं किताब लिखूंगी
आज नहीं तो कल पर एक दिन जरूर लिखूंगी।।
खुश होकर भी दर्द भरे जज़्बात लिखूंगी,
एक दिन मैं अपने मन की बात लिखूंगी ।।
अपनी ही कलम से मैं अपनी कहानी लिखूंगी,
अकेली होकर भी मैं लोगो की जुबानी लिखूंगी।।
किसी के साथ ना होकर भी मैं उसका साथ लिखूंगी,
मेरा भी सपना है कि मैं एक दिन किताब लिखूंगी।।

2. बेपहंन्हा मोहब्बत

चलो आज कुछ नया लिखते हैं, कुछ नई शुरुआत करते हैं, चलो आज तुम्ही पर कुछ बात करते हैं....
आज भी याद है मुझे वो शाम जब तुम मुझ से मिलने आए थे, नज़रे ना मिला पाए हम तुमसे बस तुम्हारी हां में हां मिलाते जा रहे थे....
अपने दुखों को भुला कर वो मेरा दुख मिटाने की कोशिश करता है,
यकीन नही होता कि कोई गैर भी अपनों की तरह केयर करता है....
शिकायते तो लाखों रहती हैं उसे मुझसे और बात बात पर झगडा भी करता है, लेकिन फिर भी वो मुझसे बेपनहा मोहब्बत करता है.....
मेरे सामने वो लड़कियों का ज़िक्र भी करता है और मुझ चिढाने के लिए वो लड़कियों से बात भी करता है,

लेकिन फिर भी जनाब मुझे खोने से डरता है.!!!

3. तुम्हारा साथ

छोड़ कर मेरा साथ किसी और कि खातिर
खुश तो बहुत होगे तुम किसी ओर की बांहों में जाकर।
सुना है ना वो तुम से लडती है और ना तुम उसे मनाते हो, फिर भी ना जाने क्यो मेरे ही पागलपन को याद कर जाते हो।।।
कभी बुरा नहीं चाहा हमने तुम्हारा बस दुआ करते हैं कि जहां भी रहो खुश रहो, कदर नही कर पाए तुम हमारी फिर क्यों अब रोकर दिखाते हो।।

4. मेरे लब

ज़िक्र हो ना हो तुम्हारा पर हमे फिकर तो है,
महसूस हो ना हो तुम्हें पर हमे मोहब्बत तो है।।
पढ़ सकें कोई मेरी आंखों को ये बहुत कुछ कहती है,
कहना चाहूं भी तो मेरे लब कुछ नहीं कह पाते है।।
 जीने मरने कि कस्मे हम एक साथ खाते हैं,
पर एक वक्त आने पर सब कुछ बदल जाते है।।
हर खुशी जिंदगी कि गम मे बदल जाती हैं,
ओर अंत में हाथ मे ज़ाम का प्याला थमा जाती हैं।।।

5. तुम्हारी यादें

आज फिर तुम्हारी यादों ने दिल में हलचल सी मचाई है
ख़ामोश है शब्द मेरे बस आंखें भर आई हैं।।
आया था एक परिंदा मेरे पास ,
दे कर दर्द आंखे नम कर गया
ज़ख्म इतना गहरा दिया ,
की बाकी सारे दर्द कम कर गया।।।
सोचता हूं की या तो वो वक्त ठहर जाता जिसमे हम साथ थे ,
या ये वक्त गुजर जाता जिसमे हम बिछड़े थे।।
आंखो में आंसू ओर दिल में दर्द रोता हैं,
तुम्हे क्या पता जनाब ये रोने वाला किस कदर रोता हैं।।

6. तेरी मेरी कहानी

तुम्हारे दुखों को अपने दुःख बनायेगे तुम आओ तो सही,
तुम्हारे शब्दों को अपने लबों पर लायेगे तुम पुकारो तो सही।।
तुम रूठ जाते हो मुझसे पर मुझे मनाना नहीं आता,
बेपहन्हा मोहब्बत करते है तुमसे पर क्या करे हमे जताना नहीं आता।।
बहुत गुरुर था तुम्हे खुद पर की तुम मोहब्बत के बारे में सब जानते हो,
रोती हैं तुम्हारी आंखे रात भर क्या तुम अपनी आंखे पहचानते हो।।

इश्क करके जिस्म तक पहुंचने का तरीका यहां सब जानते है,
पर तुम्हारी रूह से कैसे मिलना है क्या तुम इसका तरीका जानते हो।।
जो आईना टूट गया उसको वापिस से जोड़ना जरूरी है क्या,
तुमने तो मोहब्बत करके देख लिया फिर बताओ दोबारा इश्क़ करना जरूरी है क्या।।

7. कॉलेज का प्यार

पता हैं।। मैं आज भी तुम्हे उतना ही चाहता हूं जितना उस समय चाहा करता था,
तुम्हारी बस एक झलक देखने के लिए मैं कॉलेज आया करता था।।
डरता था कि कहीं हमारी दोस्ती भी ना टूट जाए ,
बस इसी लिए तुम्हारे सामने कभी अपने प्यार का इज़हार भी नही करता था।।
कैसे बताऊं तुम्हे की तुम कितनी जरूरी हो मेरे लिए,
हजारों लोगों से मिलता हूं दिनभर पर फिर भी मुझे तभी क्यूं फ़र्क पड़ता हैं जब तुम्हारा रिप्लाई नहीं आता।।
पता नही क्यों मैं बार बार तुम्हारे पास ही क्यों आता हूं,
जब की तुम तो मुझसे प्यार भी नहीं करती हों ।
लेकिन मुझे फिर भी तुम अच्छी लगती हो ।।
मुझे नहीं आता घुमा फिरा कर बात करना और ना ही तुम समझ पाती हो,
बस दिल करता है तुमसे हर रोज बात हो , कभी तो ऐसी मुलाकात हो जहां तुम और मैं ओर अंधेरी रात हो।।

8. अभी भी वक्त है जान लो मुझे

अभी भी वक्त है पहचान लो मुझे,
किस हाल में जी रहे हैं जान लो मुझे।।
अगर भूला दिया मैंने तो तुम कुछ ना कर पाओगे
लाख आंसू बहाना पर मुझे ना पिंघला पाओगे।।
अभी भी वक्त हैं तुम्हरे पास मुझे पढ़ लेने का ,
अगर बदल गए हम तो तुम अपना दुःख भी ना सुना पाओगे।।
भूला कर गिले सिकवे अपनालो मुझे,
अगर खो गए हम इस दुनियां में तो तुम ढूंढ भी ना पाओगे।।

9. दूरियां

साथ होकर भी दोनों में दूरियां बहुत थी,
आज तो लड़की अपनी ज़िद पे अड़ी थी।।
दिल तो कह रहा था कि एक बार तो पूछ ले हाल उसका,
पर मन में तो बात उसके सम्मान पे अड़ी थी।।
मेरी भी ज़िद हैं इस बार की मैं शुरुआत नहीं करती,
अगर खता हैं मुझसे वो तो रहे पर इस बार मैं झुक नहीं सकती।।
कहीं ना कहीं मुझे उसे खोने का डर था,
तो उसे भी मेरी वफ़ा पर सवाल था।।

पता नही हम दोनों कैसी ज़िद पर अड़े थे,
साथ होकर भी हम दोनो अलग अलग ही खड़े थे।।

10. मां

सुना है भगवान का दूसरा रूप हैं मां,
उनके लिए तो हाज़िर हैं जां।।
डांट कर अपने बच्चों को खुद रो देती हैं वो,
भूख ना होने पर भी खाना खिला कर खुद भूखी सो जाती हैं मां।।
मां की ममता क्या होती हैं ये उनसे पूछिए जिनकी दूर हो जाती हैं मां,
खुदा कभी किसी बच्चे से ना छिने उसकी मां।।
दुआ है खुदा से की तेरी उम्र लंबी हो मां।।

11. दहेज़

कैसा ये रिवाज़ बनाया है,
लड़की ही नहीं यहां तो लड़का भी बिकाऊ बनाया है।।

कोई नहीं देखता की लडके में गुण कितने हैं
ज़मीन जायदाद और पैसे को ही रिश्ता बताया है।।
कैसा ये कलयुग आया जहां संस्कार का कोई मोल नहीं,
पैसे को देख कर आज शराबी के साथ बेटी को ब्याहा हैं।।
सरकारी नौकरी देख कर रिश्ता तय बताया है,
ब्याह बाद बेटी तंग हैं तो उसे उसकी किस्मत बताया है।।
एक बार तो पूछ लेते पापा बेटी तुझे कैसा लड़का चाहिए,
आपने तो पैसा देखकर ही मेरा ब्याह रचाया है।।

12. उम्मीद हो तुम मेरी

जब उम्मीद हो तुम मेरी फिर क्यों मैं गम का सोचूं,
बेपहना मोहब्बत हैं तुमसे फिर क्यों फ़ायदा और नुकसान का सोचूं।।
हम एक होंगे या नहीं ये मैं अभी से क्यों सोचूं,
तुम साथ देना हर पल मेरा फिर क्यों मैं जुदाई का सोचूं।।
क्यों डरते हो तुम मुझे अपना कहने मे, क्यों कहते हो की हम तुम्हारे साथ घाटे में रहेंगे,
जनाब मोहब्बत की हैं तुमसे कोई व्यापार नही जो इसमें भी घाटा और नुकसान देखूं।।
जिंदगी बहुत छोटी है यार कुछ अच्छे पल बीता लेते है,
भूल कर इस दुनियांदारी को हम साथ में जी लेते है।।

13. बेटी से बहु की कहानी

ना वो कुछ मांगती हैं ना ही कुछ चाहती हैं
थोड़ा सा प्यार और थोड़ी सी इज़्जत वो चाहती हैं।।
टूट न जाए रिश्ता उसका इस लिए चुप वो रहती हैं,
मत दिखाओ उसे इतना नीचा की उसकी सहन शक्ति
की हद पार हो जाती हैं।।
सपनों को त्याग वो तेरी इज़्जत की खातिर घर से बाहर नहीं जाती है,
जो कल तक खुद लेकर पानी नहीं पीती थी वो आज तेरा पूरा घर संभालती हैं।।

14. उठ ओर आगे बढ़

अगर तू गिरेगा नही तो आगे बढ़ेगा कैसे,
कौन आया हैं उठाने तुझे ये जानेगा कैसे।।
कहते सब हैं हम साथ हैं तेरे,
पर हाथ किसने बढ़ाया ये पहचानेगा कैसे।।
तू अपनी ज़िन्दगी में थोड़ा आगे तो बढ़
तुझे अपनो का पता चलेगा,
कौन तेरे साथ होकर भी पीठ पीछे से वार
करता हैं तुझे उसका पता चलेगा।
जिंदगी में तेरा फ़ायदा उठाने वाले बहुत मिलेगे,

तू थोड़ा नाम तो कमा फिर लोग तेरे पैसे से
प्यार करेंगे।।
सीख तू भी लोगों के चेहरे पढ़ने का हूनर,
क्यों की किताबों से ज्यादा चेहरे पर लिखा
होता है।।

15. अकड़

मत कर गरूर इतना खुद पर
एक दिन तू भी मिट्टी में मिल जायेगा,
आज तू दूसरो की बेटी को रुलाता हैं
एक दिन तेरी बेटी को भी कोई रुलायेगा।।
मत चल इतना अकड़ कर
एक दिन ये शरीर भी दफ़न हो जायेगा,
मत कर किसी की बेटी का बलात्कार
वरना एक दिन तू भी फांसी पर चढ़ जायेगा।।

16. मंज़िल

एक पल में सब मिल जाए ऐसा मुमकिन तो नहीं,
पल पल मेहनत करके सब ने अपनी मंज़िल हैं पाई।।
कोई एक दिन में ही नहीं बनता नाम किसी का ,
टाटा, अंबानी के रास्तों में भी मुश्किलें तो बहुत हैं आई।।।
थोड़ा मुश्किल होता है मंजिल को पाना पर ना मुमकिन तो नही,
तू चल तो सही रास्ते पर तुझे मंजिल मिल जायेगी कहीं न कहीं।।
लोग तुझे ताना भी सुनाएंगे बूरा भला भी बताएंगे,
पर तुझ में जनून होना चाहिए कुछ करने का फिर क्या ही वो तेरा बिगड़ पाएंगे।।
तोड़ दिया आज भ्रम सबका , कर लिया सपनों को साकार,
ताना देने वाले भी लोग आज हँसकर करते है सत्कार।।।

17. जिंदगी

अपनी जिंदगी को मैं बेखूब जी रहा हूं ,
फिर क्यों पूछते हैं ये लोग कि तुमने
जिन्दगी में किया क्या हैं।।
अगर कर रहा हूं वक्त बर्बाद तो अपना कर रहा हूं,
यार तुम्हारी जेब से मैंने लिया क्या हैं।।

ठोकर लगी है बहुत पर संभल जाता हूं मैं,
जो भी मिला है बेहतर मिला है,
फिर क्यों कहूं खुदा से की तुमने मुझे दिया क्या हैं।।
हर रंग में ढलना सिखाया हैं खुदको ,
फिर भूल जाता हूं की मेरा क़ाफिया क्या हैं ।।
नशा सा रहता हैं आंखो में मंज़िल को पाने का,
समझ नही आता आखिर मैंने पिया क्या है।।

18. लड़का होना आसान नहीं होता

लडका होना आसान नहीं होता,
दिल टूटने पर तू रो नहीं सकता
किसी भी हाल में तू आंसू बाह नहीं सकता।।
घर की जिम्मेदारी हैं तुझपे ,
मां बाप की सेवादारी हैं तुझपे,
दिनभर की थकान हैं तुझे पर
तू किसी को बता नहीं सकता।।
मर्द का नाम दिया है तुझे इसीलिए
तू रोके दिखा नहीं सकता।।
आग में तेरी ख्वाहिशे जल रही है,
अब बच्चों की भी जिम्मेदारी तुझपे आ गई है
चाह कर भी तू खुद के लिए कुछ खरीद नहीं सकता,
लाख सपने टूटे पर तू अपनी पलकें भिगो नहीं सकता।।
तुझे अब कृष्ण सा बनना होगा ,
राधा से प्रेम करके भी रुक्मणि को अपनाना होगा।।
लोग मिसाल देते है राधा कृष्ण के प्रेम की
पर कृष्ण कभी राधा से ब्याह रचा नहीं सकता।।

19. शादी कि सालगिरह

अजनबी से जाने पहचाने से हो गए हो ,
आज ही के दिन आप Miss se Mrs हो गए हो
छोटी छोटी बातों पर झगड़ते भी है ये दोनों,
पर एक दूसरे के बिना रहते भी नही हैं ये दोनों
थाम कर एक दूजे का हाथ बिताने हैं अभी कईं वर्ष,
पता ही नही चला कब बीत गए हैं तुम्हरे साथ 30 वर्ष
हम बच्चो की खुशियों के खातिर अपनी खुशी कुर्बान कर देते हैं ये दोनों
हम आप से हैं और आपसे ही वाजुद हैं हमारा,
आप दोनो को खुश रखना फर्ज़ हैं हमारा
आप दोनों के जीवन में खुशियों की बहार आई हो
ओर हमारी तरफ से आप को शादी की सालगिरह की बहुत बहुत बधाई हो।।

20. मैरिड वोमेन

क्यों चाहूं मैं उसे आखिर क्यों बनू मैं पसंद उसकी,

आखिर क्यों मिटा दूं मैं इच्छाएं खुदकी।।
हर एक ख्वाइश को वो अपने अंदर दफ़न कर लेती हैं,
समाज क्या कहेगा बस इसी डर से वो जी नहीं पाती हैं।।
क्यों करे आखिर वो इंतजार उसका जो छोड़ दूर चला जाता हैं,
क्यों बदले आखिर वो खुदको उसकी खातिर जो इज़्जत उसकी नहीं कर पाता है।।
जिंदगी ये उसकी हैं फिर क्यों लोग उसपर हक़ जताते हैं,
बाहर नौकरी करने का जब वो सोचती हैं
तो घर में ऐसा रिवाज़ नही सुनकर वह चूल्हे तक ही सीमित रह जाती हैं।।

21. लगता हैं मुझे प्यार हो गया है

लगता हैं मुझे प्यार हो गया है ,
अरे तुम से नहीं खुद से ही बेशुमार हो गया है।।
जहां ढूंढ रही थी मैं खुशियां इस अजनबी सी दुनिया में
जब देखा खुद में झांक कर तो मुझे खुशियों का खज़ाना मिल गया है ,
लगता हैं कहीं न कहीं मुझे प्यार हो गया है।।
तुम से नहीं मुझे तो खुद से ही बेशुमार हो गया है।।
इस मतलबी दुनियां से मैं खुद को बचाती रही,
बस हर रोज मैं खुद पर ही प्यार लुटाती रही।।

ये उलझी हुई सी जिंदगी मुझे सुलझाती थी,
कहीं न कहीं इस दुनियादारी की बाते मुझे खाती थी।।
शुक्र है रब का की इस समझदार दुनियां से मैं ना समझ रही,
लोगों के तानों की वजह से ही मैं आज खुल कर अपनी ज़िंदगी जी रही हूं।।

22. करवा चौथ

सदा सुहागन रहे ओर मांग में तेरे सिंदूर सजा रहे,
हाथ में चूड़ी पांव में पायल खनकती रहे,
मांग कर दुआ लंबी उम्र की , तू हर साल करवा चौथ का व्रत करती रहे।।
तेरे लिए मैं पूरा दिन भूखी रह जाऊंगी,
पूरे रीति रिवाज से मैं करवा चौथ को निभाऊंगी,
आना तुम भी साथ मेरे , जब मैं देखने चांद को जाऊंगी।।
सजी हूं आज दुल्हन सी मैं,
इंतजार है बस अब तुम्हारा,
पीला कर अपने हाथो से पानी , खुलवाओगे कब व्रत हमारा।।

23. भाई बहन का प्यार

खिल उठता है वो आंगन जहां भाई बहन का प्यार होता हैं,
खुशियों से भर जाता हैं परिवार जब एक भाई बहन कह कर पुकारता है।।
लाख लड़ झगड़ कर भी वो एक हो जाते है,
मम्मी की मार से वो हर बार बचा ले जाती हैं।।
हर किसी की किस्मत में नही होता बहन का प्यार पाना,
कुछ खुश है बहन का प्यार पाकर कुछ का सपना हैं उसे पाना।।
काश होती मेरी भी बहन वो ख्याल मेरा भी रख लेती,
क्यों बैठा हैं उदास सवाल वो मुझ से पूछ लेती।।
गलती पर मेरी मुझे वो बचा लेती, बाद में चाहे सजा खुद वो मुझे दे देती।।
सुना है भाई बहन का रिश्ता सबसे बड़ कर होता हैं,
कर सके वो रक्षा अपनी बहन की इसलिए एक भाई का होना भी जरूरी होता हैं।।

24. दहेज़ प्रथा

ये कैसी भीख हैं भगवान कि देने वाला झुक कर देता है, ओर लेने वाला अकड़ कर लेता है।।

दहेज़

रिश्तों को पैसों से जोड़ना बंद करो,
दहेज़ मांग कर अपना बेटा बेचना बंद करो।।
बाप चुप था अगर बेटी के खातिर ,
तो बेटा तूही दहेज़ से इंकार कर देता
लग रही थी जब कीमत तेरी भरी सभा में,
तो अपनी अच्छाई तू उस समय दिखा देता।।
बिक रहा था बेटी के बाप का घर ,
तू उस समय उसका घर बचा लेता
बिन दहेज़ के ब्याह कर ले जाऊंगा आपकी बेटी को तू भरी सभा में ये बोल देता।।

25. बेटी धन है पराया

कई मंदिर मस्जिद पूजने के बाद मैंने तुझको हैं पाया,
फिर क्यों कहते है ये लोग की बेटी धन है पराया।।
देख कर बेटी को क्यों लोगों के मन में जहर है समाया,
क्यों नहीं समझते हो तुम की यही बेटी हैं मां का साया।

जब मैं इस दुनियां में आई तो सबको इंतजार था किसी और का,
मुझे देख सब मुंह फेर रहे ओर कहते फिर से जन्म हुआ कलमुही का।।
दे देकर ताने ना जानें कब तुम्हें मुझसे प्यार हुआ,
समय आ गया विदाई का अब तो पापा कन्यादान भी हुआ।।
बेटी की बाते सुनकर पिता नहीं रह पाया खड़ा,
आंखो से आंसू बहाता बेटी के जा लगा गले पड़ा।।
बेटी के जाने पर ना जाने क्या क्या खोया है,
कभी ना रोने वाला भी आज फूट फूट कर रोया हैं।।

26. चार दिन कि जिंदगी

चार दिन की ज़िंदगी है,
आज बचपन तो कल जवानी है,
परसो बुढ़ापा ओर फिर खत्म कहानी है।।
क्यों सोचते हों की कल कैसा होगा ,
आज को अच्छा बना लो कल खुद पे खुद अच्छा होगा।।
जो बीत गया उस पर क्यों दुख मनाते हो,
तेरी पूरी ज़िंदगी पड़ी है फिर एक दिन के पीछे
क्यों अपनी ज़िंदगी ग्वाते हो।।
कांटे तो हर राह में मिलते हैं उन्हें हटा कर चलो,
जनून हैं गर कुछ करने का तो डट कर चलो।।

लोग बोलते है बुरा जब तक तुम मुक्काम हासिल नहीं करते,
जब मिल जाएं मंजिल तो वही लोग तुम्हें सलाम ठोकते है ।

27. डियर बहना

डियर बहना, तू थोड़ी खास है मेरे लिए
तुझ से बिना लड़े तो जैसे दिन की शुरुवात नहीं होती,
फिर जब तक इकट्ठे बैठ कर खाना ना खा ले ऐसी कोई रात नही होती।।
इतने बड़े होने पर भी हम कैसे बच्चो की तरह लड़ते हैं,
छोटी छोटी बात पर ही जानवरो की तरह झगड़ते हैं।।
तू अपने कपड़ों से ज्यादा मेरे कपड़े क्यों पहनती है,
जब कुछ करना नहीं आता तुझे फिर किचन में जाकर दिखावा क्यों करती हैं।।
तूने बड़े होने का बहुत फायदा उठाया है,
लड़ते लड़ते टीवी का रिमोट तोड़ देती थी ,
ओर जब मम्मी से डांट खानी हो तो मुझे आगे कर देती थी।।
पर चाहे कैसी भी हो हर कदम पर सपोर्ट करती थी,
बाहर मुझे कोई कुछ कहे तो सबसे लड़ जाती थी।।

28. नन्हीं जान

मांग लूं खुदा से मन्नत की मुझे तेरा ही साथ मिले ,
अगले जन्म में भी मुझे तूही मां मिले ।।
नन्हीं जान।।
नया सवेरा नई खुशियां आने वाली है,
क्योंकि मेरे आंगन में एक परी आने वाली है।।
नाज़ुक सी हैं खुद वो पर वीरों को भी मात देती हैं,
क्योंकि वो अपने जिस्म से एक नन्हीं सी जान को जन्म देती हैं।।
उसने अपनी बच्ची के संग 9 महीने बिताए थे
पर एक एक पल को महसूस करके बहुत से दर्द भी सहाय थे।।
उसने भी अपने मन में बहुत से सपने सजाए होंगे,
जब उस नन्हीं सी जान के कदम इस दुनियां में आए होंगे।।

29. कृष्णा

कृष्णा नाम है उनका ,
गऊ चराना काम हैं उनका।।
दूध मलाई खूब चुराई
फिर यशोदा मैया से मार भी खाई।।
नटखट भी बहुत है वो ....
गोपियों संग रास रचाया ,
पर हृदय में केवल राधा को ही बसाया।।
मीरा भी हैं उनकी दीवानी और
राधा भी हैं उनकी दीवानी ,
पर दोनो के ना होकर उन्होंने रुक्मणि को अपनाया।।
कलयुग के दुख मिटाने तुम्हे आना होगा ,
हो रहे चीरहरण को बचाने कान्हा तुम्हे आना होगा।।

30. कलयुग

कैसा ये कलयुग आया , गिरे बूढ़े को उठाने कोई नहीं आया,
लडकी का पर्स क्या गिरा पूरा बाज़ार भाग आया ।।
यूं तो ये घर के कोने में चुपचाप से बैठे रहते है,
पर जब तक बुजुर्ग रहते है घर में एकता बनी रहती हैं।।
पहले एक छत के नीचे मैने पूरा परिवार हंसता देखा है,

अब हर एक बेटे का मैने अलग मकान देखा है ।।
जिन्दगी गुजार दी उन बूढ़े मां बाप ने बेटे की खातिर कमाते कमाते , अब उन्हीं बूढ़े मां बाप को मैने वृद्धा आश्रम में देखा है।।
अजीब सी कहानी है इन बुजुर्गो की भी,
रोटी कोई पूछता नहीं बस आंखो में पानी हैं,
मन से तो जवान है सिर्फ ये शरीर से बूढ़े हैं
फिर भी घर में बुजुर्ग होना जरूरी है क्योंकि ये हमारे भगवान हैं।।

31. शहीदों को नमन

जली चिताओं का हिसाब बाकी है
अमन का नया आफताब बाकी हैं
आज़ाद भारत में हर जरूरत पूरी हो,
वीर शाहिदो का ख़्वाब बाकी हैं।।
बूझ गया दिया जिस आंगन का ,उस घर की दीवारें भी रोई होगी।
खो दिया जिस मां ने अपना लाल ना जाने वो मां कैसे सोई होगी।।
जल रहे है दिये सभी के घरों में और त्योंहार सभी के घरों में मन रहे है,
उदास हैं उस घर का दिया जिस घर का जवान शहीद हुआ है।।
जब जब गोलियां वीरों की छाती पर लगती हैं ,तो पूरे हिंदुस्तान की आंखे लहू से भरती हैं।।
मंदिर मस्जिद सब डूब रहे है ओर वर्दी में भगवान घूम रहे हैं।।

32. नागराज

सावन का महीना है छाया, देखो देखो नाग पंचमी का त्यौहार है आया।।
चलो मिलकर सब महादेव को भोग लगाएं
दूध,दही से नागदेवता को स्नान कराएं।।
जिसको लगी महादेव की लगन वो जोगी बना,
जिसको लगी धन की लगन वो माया का रोगी बना।।
मत करो किसी से भेदभाव पूजा कर लो तुम भी आज
सबकी इच्छा पूरी करेंगे देवता नागराज।।

33. मौसम सुहाना

वो भी क्या ज़माना हुआ करता था
एक रूपये में खुशियों का खज़ाना हुआ करता था।।
चाहत होती थी चांद को देखकर उसके पर जाने की,
पर बचपन में तो दिल तितलियों का ही दीवाना हुआ करता था।।
ना सुबह का पता होता था ओर ना शाम का....
खेल कूद कर घर आते ही बस मां के हाथ का

खाना होता था।।
डूब गई वो कश्ती भी बारिश के पानी में,
वो तो मौसम ही बड़ा सुहाना हुआ करता था।।

34. सावन का महीना

सावन के बारिश की हर बूंद मुझे भाती हैं
जब मिल जाए ये गंगा में तो अमृत बन जाती हैं।।
पता नही क्यों कहते हैं लोग की कुछ अच्छा नहीं होता,
सच तो ये है की जैसा तुम चाहते हो वैसा नहीं होता।।
सब के दुखो को मिटाने वाला
हमे सुला कर खुद जागने वाला
अमृत दे विष पीने वाला,
ऐसा है ये भोला सृष्टि को चलाने वाला।।

35. लक्ष्य को हासिल करना है बस यही सोच कर चल

कुछ करना है गर तुझे तो थोडा डट कर चल
इस मतलबी दुनिया से तू थोड़ा हट कर चल।
भीड़ में तो सभी चल लेते है , तू थोड़ा अलग होकर चल।।
खाली बैठ कर मुकाम नही मिलता, तू इतिहास को पलटकर चल।।
आगे बढ़ ओर रांहो से पत्थर को हटाकर चल।।
जब तक मंज़िल हासिल नहीं तब तक
आराम मत कर,
लक्ष्य को हासिल करना है बस यही सोच कर चल ।।

36. मेरे देश का कानून

अजीब सा कानून हैं मेरे देश में,
लोग कत्ल करके भी सारेआम घूम रहे हैं।।
और मैं अपना हक़ मांगने पर भी फांसी
पर लटक रहा हूं।
लोगों में पागलपन तो मैंने तब देखा है
जब भरी महफ़िल में गूंगे चीख रहे है,
सामने बैठे कुर्सी पर बहरे सुन रहे है...
जब देखा मैने नजरे घुमा कर तो
अंधे तराजू उठा रहे हैं।।।

37. हर घड़ी में खुश हूं

छोटी सी जिंदगी हैं हर घडी में खुश हूं
नौकरी मिली हैं या नहीं, पर मेहनत करके खुश हूं।।
घर में आज दाल नहीं तो नमक से खुश हूं,
अगर नहीं है आज गाड़ी तो क्या हुआ मैं पैदल ही खुश हूं।।
है अगर नाराज़ कोई हमसे तो उसके अंदाज़ से खुश हूं,
कर रहा पीठ पीछे वार तो उसके व्यवहार से खुश हूं।।
बीता समय वापिस नही आता तो उसकी यादों से खुश हूं, आने वाले कल का पता नही तो बस आज में खुश हूं।।

38. डियर पापा

सपने तो मैंने देखें थे पर उन्हे पूरा करने का रास्ता पापा दिखाया आपने।।
कैसे निभाने है रिश्ते ये भी पापा बताया आपने।।
बचपन से कहते थे की कभी अंहकार मत करना अपने बड़पन का , छोटे बड़े की इज्जत करना भी पापा सिखाया आपने।।

हमे बेटो की तरह पाला है,ओर आपकी बेटी नाम रोशन करे इस काबिल बनाया है आपने ।।
घर की नींव हो आप ओर दो दो घरों को संभालना सिखाया आपने।।
बचपन से अब तक गिर कर उठना सिखाया आपने ,
मेहनत कर ओर आगे बड़ बस यही सिखाया है आपने।।

39. किसान का दुःख

करोड़ो लोगो का पेट भरने वाला खुद दो रोटी के लिऐ तरसता है,
खाली बैठ कर खाने वाला महान और मेहनत कर के खिलाने वाला किसान होता है।।
खुद भूखा रहकर वो दूसरो का पेट भरता है ओर पाई पाई जोडकर वो देश का विकास करता है।।
तपती धूप हो या कड़कती बिजली हो वो कभी हार नही मानता है,
यदि वो रुक जायेगा तो थम जायेगा ये संसार इसीलिए वो कभी छूटी भी नही मांगता हैं।।
जय जवान जय किसान केवल एक नारा बन कर रह गया है , उसे तो अपनी फ़सल की लागत तक नही मिलती ओर अंत में फैसला आत्महत्या का रह गया है।।
वो एक किसान ही हैं जो बंजर धरती पर सोना उगाने का दम रखता है परंतु अपनी हक की लडाई लड़ने के लिए वो डरता है।।
टूट जाता है वो उस समय जब अपनी फसल सूखी देखता है , जब नही दिखता उसे कोई रास्ता तभी आत्महत्या वो करता है।।

40. बेरोजगारी

बेरोजगारी से ज्यादा तो मुझे लोगों के ताने सताने लगे हैं,
भेजा था आपने अपने बेटे को पढ़ने बाहर ...
फिर क्यों बैठा हैं ये अभी तक बेरोजगार।।।
सुन कर समाज के ताने मेरे मां बाप भी हो जाते है निराश,
ओर गुस्से में आकर उतार देते हैं मुझ पर भरास।।
कैसे उन्हें समझाऊं कि पाना चाहता हूं मैं भी सरकारी नौकरी पर हर जगह हो रहा हैं भ्रष्टाचार,
घोंट कर अपने सपनों का गला मैं घर पर बैठा हूं बेकार।।

41. नशा

जब तुने जन्म लिया था तो सबने जशन मनाया था, पढ़ लिख कर नाम रोशन करेगा यही सपना सजाया था।।
सफ़ेद थी तेरी आंखे जब तू दुनिया में आया था, भूल कर भी उन्हें लाल

मत करना यही तुझे समझाया था।।
कर सके तू मंज़िल हंसिल तभी तुझे बाहर दाखिला दिलाया था, करके बेकार अपनी जिन्दगी तुझे दोस्तो संग नशा भाया था।।
ना जी रहा था ना मर रहा था खुद को खुद से ही दूर कर रहा था, जिसे समझ रहा था जिन्दगी तू अक्सर में वो एक खाई है, जो भी उतरा है उसमे उसी ने अपनी जान गवाई है।।
पता लगा जब घर वालो को तो बहुत उसे समझाया था, ना मानी उनकी एक और उसने चोरी का रास्ता अपनाया था।।
हो रहा था खोखला वो दिन पर दिन जिस की लत उसे दोस्तो ने लगवाई थी, खुद ही कारण था वो अपनी बर्बादी का जो अब न चाह कर भी छूट पाई थी।।

42. मेरा परिवार

टूट जाऊं भले ही मैं पर कभी मेरा परिवार ना टूटे,
यही मांगती हूं खुदा से की कभी हमारा साथ ना छूटे।।
पहले मैंने एक छत के नीचे पूरा परिवार हंसता देखा है ,
अब हर एक बेटे का मैने अलग मकान देखा है।।
ज़िंदगी गुज़ार दि उन बूढ़े मां बाप ने बेटे की खातिर कमाते कमाते ,
अब उन्हीं बूढ़े मां बाप को मैने वृद्धा आश्रम में देखा है।।
चहल उठता था आंगन हमारा बुआ के आ जाने से,
अब तो मैंने राखी भी ऑनलाइन बंधवाते देखा है।।

43. बहु भी किसी की बेटी हैं

संवार दूंगी मां घर आपका बस आप अपनी बेटी की तरह प्यार देना।।
रखूंगी पापा आपकी दवाइयों का पूरा ध्यान बस अपनी बेटी की तरह मेरी भी जिद्द पूरी करना।।
रिश्ते में जेठ लगते हो पर अपनी छोटी बहन की तरह प्यार करना ,
हो जाए अगर कभी गलती मुझसे तो भाभी अपनी बहन समझ कर माफ़ करना।।
देवर ननद का तो रिश्ता ही न्यारा होता है तो अपनी फ्रेंड समझ कर बाते शेयर करना।।
जो कहती है ये दुनियां की बहू कभी बेटी नहीं बन सकती बस आप बेटी बनाकर इस दुनियां को गलत साबित करना।।।

44. थोडा तो मुस्कुराया कर

इतना मत खुद को इस दुनिया से बचाया कर,
थोडा तो इन बारिश की बूंदों में भीग जाया कर।।
कोई नही लायेगा तुझे रोशनी में,
इस चेहरे को खुद जगमगाया कर ।।
कुछ तो इन होठों से बुलवाया कर,
बातो बातो में ही सही पर थोड़ा मुस्कुराया कर।।

45. सेल्फ रिस्पेक्ट

थक गया हूं सबको समझाते समझाते ,
अब खुद को समझना चाहता हूं...
बहुत कर ली लोगो की इज़्ज़त ,
अब अपनी इज़्ज़त कमाना चाहता हूं।।
   अगर इस बार भी मैं झुक गया,
तो मसला ही हल हो जायेगा।।
पर जनाब इस बार मेरी self respect
का खून हो जायेगा।।

46. मां बाप को मत रुलाना

क्यूं रोते हों चार दिन की यारी टूटने पर
यहां तो मजबूत से मजबूत रिश्ता टूट जाता हैं।।
ज़िंदगी भर ढोता रहा बाप बेटे को कंधे पर
ओर बेटा कहे तुमने मेरे लिए किया ही क्या है

उस वक्त मां बाप का दिल टूट जाता हैं।।

47. कृष्ण तुम्हे आना होगा

हे द्रौपदी यहां कोई कृष्ण नहीं आएगा तुझे बचाने को,
हो रहे कलयुग में चीरहरण रुकवाने को।।
यहां हर कदम पर राक्षस खड़े हैं हरण करने को चीर,
ये वो हैवान है जो लूट लेते हैं आत्मा को, ना सिर्फ शरीर।।।

48. कोशिश कर हो सही

तू कोशिश कर तो सही आगे बढ तो सही
कोई तो हल निकलेगा, आज नही तो
कल निकलेगा।।
तू कोशिश जारी रख कुछ कर गुजरने कि,
ये तो वक्त है धीरे धीरे चल निकलेगा।।।

49. जय जवान

लिया था जन्म एक वीर ने गुलामी को खतम करने के लिए,
आग थी उसके मन मे बुराई को हटाने के लिए,
क्या कर लेती जंजीरें भी उसका जिसने
अपनी जान कुर्बान कर दी वतन की रिहाई के लिए।।

50. एक वीर जवान

इतना भी कठोर दिल का नही हूं मां की तेरी याद ना आई ,
पर मेरी भी मजबूरी थी ओर देश के बॉर्डर पे ड्यूटी जरूरी थी।
दुखी मत होना मां मेरे मरने पर ,जशन होना चाहिए कि तेरे बेटे की लाश
तिरंगे में लिपट कर आई।।

51. भूख

दो रोटी ने ज़िंदगी के कई रंग दिखा दिए,
वो छोटा सा बच्चा अपना बोझ भी
नही उठा पा रहा था,
ओर भूख ने उस से पत्थर तक उठवा दिए।।

52. मतलबी दुनियां

ज़िंदा रहने के लिए आज मरना जरूरी हो गया है
ये दुनिया तुम्हारी खुशी से ज्यादा दुःख की शौकीन हो गई है,
हर इंसान आंख बंद कर के तमाशा देख रहा है
ये इंसानियत जैसे ज़मीन केअंदर दफ़न सी हो गई हैं।।
 इस मतलबी दुनियां का सिर्फ इतना सा फसाना है,
मुझे आज तुझ से काम है चल आज तुझे अपना यार बनाना है।।।
 ये मतलबी लोगों की मीठी मीठी बातें तो केवल एक दिखावा है, आप भी आजमा कर देख लो मिलेगा धोखा ही ये मेरा दावा है।।

53. राज

हर बात को बताया जा सकता है
ओर हर राज को छुपाया जा सकता है
जब देखा एक गरीब ने ताज महल को
तो कहता इतने मे तो गांव बसाया जा सकता है।।
   तन्हाई को भी दूर किया जा सकता है
साथ मे वक्त भी बिताया जा सकता है
जिसे सोच कर राते कटती है
उन्हे सुबह सच भी बताया जा सकता है।।

54. महाकाल

राम भी उनका रावण भी उनका,
जीवन भी उनका मरण भी उनका,
तीनो लोकों के वो स्वामी ब्रम्हा विष्णु उनके अनुगामी।।
   ज़हर उनके कंठ धरे दुनिया उनको नीलकंठ कहे,
कैलाश पर्वत हैं उनका धाम, महाकाल हैं जिनका नाम।।
   भांग धतूरे के है वो शौकीन, सारी सृष्टि उनकी श्रद्धा में लीन,
डर के भागे जिनसे काल नाम है उनका महाकाल।।

55. ईगो

मैं रावण ही सही ज़रा तू राम बन कर तो दिखा,
मेरी कमियों को छोड़ तू अपनी कमियां सुधार कर तो दिखा।।
कोई छोटा नही हो जाता किसी को माफ करने से ,
पर तू खुद को मत जला अपनी अहंकार कि आग से।।
यूं हर किसी के सामने नही बतलाता हूं मैं,
जब नही मन होता मेरा तो नही बोलता हूं मैं।।
लोग कहते है बहुत ego है तुझमें,
मैं सोचता हूं अपने तरीके से जीना चाहता हूं
तो क्या बुराई है इसमें।।।

56. तेरी मेरी दोस्ती

Oye idiot sun
तेरी दोस्ती मेरे लिए दोस्ती से भी बढ़ कर हैं
मुझे पता है तू थोड़ा पागल है जब तू मुझसे लड़ता है तो रूठ जाती हूं
तुझ से पर रूठने के बाद अपनी बात भी मनवा लेती हूं तुझ से।।
तेरी बच्चो वाली हरकतों पर गुस्सा तो बहुत आता है जब तू मुझे अलग
अलग नाम से बुलाता है पर यार तेरे बिना रहा भी कहां जाता हैं ।।
मै अपनी बकवास तुझे सारा दिन सुनाती रहती हूं ओर तू उसे बिना कुछ
कहे चुप चाप सुनता रहता हैं , गुस्सा तो बहुत आता होगा ना तुझे पर तू

कुछ कर भी तो नहीं पाता है।।
छोटी छोटी बात पर तुझ से लडती रहती हूं लेकिन कुछ ही पल बाद उसे भूल भी जाती हूं, क्यूकी तू मेरे लिए बहुत खास है जब तेरे जैसा दोस्त पास हो तो दुश्मन कि क्या ही जरूरत है।।।

57. मेरे पापा

शुक्रिया है उसका कि उसने तुम्हारे घर जन्म दिया,
कम से कम ओर लड़कियों कि तरह सांस तो हमने लिया।।
इतना ही नहीं बहुत सी तुमने हमारे लिए जोडी है कमाई, आज के ज़माने मे पापा आपने अपनी दो दो बेटियां पढ़ाई।।
तुमने ही बनाया है काबिल उसका इनाम तो ले लेना , भले ही बाद मे उसको दहेज़ के साथ भेज देना।।
फूल से भले है हम नही लेकिन नाज़ुक है, एक बार तो अजमलो पापा तुम्हारी इज्ज़त के ही चाबुक हैं।।

58. हर लडका गलत नहीं होता

हर लडका गलत नही होता , हर लडका बेवफ़ा नहीं होता। उन्हे भी दर्द होता हैं उन्हे भी तकलीफ़ होती हैं।।

यदि कभी वो रो दे तो बचपन से उन्हें कहा जाता हैं कि लड़के रोते नहीं है बस यही कहकर उन्हे चुप कराया जाता हैं।।

लड़को कि जिन्दगी भी आसान नहीं होती , हर कोई ये पूछता है कि बेटा कितना कमाते हो कोइ ये नहीं पूछता की बेटा कैसे कमाते हो।।

लड़को के लिए मेट्रो में सीट नहीं होती ओर यदि वो किसी के पैर ना छूए तो कहा जाता हैं उसमे तमीज नहीं होती।।

किसी ने सही कहा है , मर्द को भी दर्द होता है बचपन से उन्हे कहा जाता हैं घर की ज़िमेदारी तू ही उठाएगा ,

आख़िर वो पंछी इतना बोझ लेकर कितनी दूर तक उड़ पायेगा।।

59. दोस्ती

खुशी हो या गम हम साथ मे जिया करते थे,

पर मुसीबत आने पर हम एक दूसरे का साथ दिया करते थे।।

जब भी मैं उदास होता तो वो मुझे हंसाया करता था,

अपनी छोटी छोटी बातों को भी मुझे बताया करता था।।

काश फिर से मिलने की वज़ह मिल जाए साथ बैठ कर पुराने किस्से ताज़ा करने की वज़ह मिल जाए, सोचते है क्या पता ख्वाबों मे वो गुज़रा

हुआ वक्त मिल जाए।।

जिन्दगी कुछ इस तरह बदल गई एक नए सिरे मे ढल गई, किसी को नौकरी से फुर्सत नहीं तो किसी को दोस्त कि जरूरत नहीं।।।

60. बचपन

बचपन भी कितना सुहाना होता था ना छोटी छोटी चीजों से ही खुश होते रहते थे, बारिश होने पर कागज़ कि नाव तराते रहते थे ओर कागज़ के airplane को ही पूरे घर मे उड़ाते रहते थे।।
कागज़ के पैसे बनाकर अमीर बन जाते थे ओर गुड्डा गुड्डी का ब्याह रचाकर अपने सपने सजाते थे, एक रूपए के चांद सितारे पूरा दिन उसे खाते थे
Sandwich का तो पता नहीं रोटी गोल कर के खाते थे।।
चोर सिपाही खेलने का भी अलग मज़ा हुआ करता था
Cartoons का तो पता नहीं अपना तो शक्तिमान ही favourite हुआ करता था।।

61. कड़वा सच मौत

जितना मर्ज़ी बुरा भला बोल ले तने ये दुनिया वाले
पर तेरे मरने के बाद अच्छा मानस था कहका ज़िक्र कराया जावेगा।।
जलते होंगे रिश्तेदार भी तने आज देख का पर तेरी मौत के बाद भर भर गाड़ी आवेगे , अर् सफ़ेद पर्दे के नीचा खुले आंगन में पडाया जावैगा ।।
दो दिन रो का तीसरे दिन अपने काम करते नज़र आवेंगे , अर ये वही लोग हैं लाडले जो तेरी तेरहवीं की रोटी पा नून कम बतावेंगे।।।
तेरे भाई बन्धु भी तने रोन आवेगा अर जला के तेरी चिता हाथ धोंदे नज़र आवेगा, जितनी मर्ज़ी गाल देंदी हो तने ये दुनिया वाले पर तेरे मरने के बाद अच्छा मानस था कहका ज़िक्र कराया जावेगा।।।

62. मेरी CA ki कहानी

मैने 40 पर पास होने का जशन भी देखा है
और 59 पर फेल होने का दर्द भी देखा है।
मैंने लोगो को मेहनत के बाद भी Attempt लगाते देखा है, लेकिन फिर भी उनको दिन रात मेहनत करते हुए देखा है।
एक आस मन में रहती हैं कि ये December भी आयेगा अगर December भी चला गया तो June कहा बच कर जायेगा।

Result के दिन भी हम इतने घबराते थे पता ही नही चलता था कि exam का result है या result का exam ।
रिश्तेदार भी बहुत खूब रिश्तेदारी निभाते है bday का किसी को याद नहीं result पर सब याद करते है ।।।

63. मेरी मां

मां भी घणी कसूती होए करें मार का चार अर दो गिने करें, जे दुबारा रोई तो ओर मारुगी कहका चुप कराए करें।

आज कल के मां बाप तो बच्चो क जुखाम होन पा छुट्टी मरवादे करें , म्हारे टेम मा तो घने बुखार में भी स्कूल भेजे करें ... यार मां भी घणी कसूती होए करें ।

बाहर उसके बच्चो नं कोइ कुछ कहदे तो लोगा गेल लड़ज्य , अर घर आक्य अपने बच्चों न्य ही छेते करें ... यार मां भी घणी कसूती होए करें ।

बाबू प्य ते कुछ मांगना हो तो मां पा ते होकय्य बात जय करें, अर म्हारे खातर सारो त्य लड़ज्य करें...
यार मां भी घणी कसूती होए करें।।।।

64. बिना संघर्ष किए मंजिल नही मिलती

जो व्यक्ति आज मुस्कुरा रहा है उसे दर्द ने घेरा होगा,
जो व्यक्ति आगे बढ़ रहा है उसके पांव मे छाला होगा,
बिना संघर्ष किये तो इंसान को मंज़िल नहीं मिलती
जो आज जल रहा है उसकी जिंदगी में कल उजाला जरूर होगा ..
उदास होने के लिए तो यार उम्र पड़ी है , सामने देख तेरी जिंदगी खड़ी है..
इस हंसी को अपने होंठो से कभी जाने मत देना
झूठ ही सही पर मुस्कुराते रहना क्योंकि ये दुनिया तेरे पीछे पडी है।।।

65. इम्तेहान

यूं चुप रह कर हमारा इम्तेहान ना लीजिए
क्यों हो खफा हमसे ज़रा बयां तो कीजिए
अगर हुई है खता हमसे तो माफ कीजिए
पर यूं दूर जाकर हमे सजा तो ना दीजिए
माना है कि हमने तोडा है विस्वास आपका

पर हमे गलती सुधारने का मौका तो दीजिए!!!

66. दर्द भरा प्यार

मैंने बस एक बात बतादे इब किस्ना फसावा है
इब किसकी जिंदगी के गेल खेला है , नू बतादे इब किस्ना जान जान करके बलावा है। किस्ना अपनी मां कि बहू बनान के सपने दिखावा है,
इब किसकी गेल झूठे वादे कस्मे खावा है , इब किस्ने अपने जाल मा फ्सावा है... लाडले आज किसतरो तने मेरे धोरा फोन करा तेरा नंबर देखका मने बी चो सा चडा , मेरी गेल ता एक दिन बी बिना लडे नी रहा करता
इब उसकी गेल बी लड़न लाग लिया के...
चल नू तो ब्तादे इब अगला नंबर किसी ओर का
लगावा है के ।।।।।

67. डॉक्टर भगवन हैं

अपने सुकून की बलि देकर वो सबकी जान बचा रहा,
भूख प्यास भूल कर वो अपना फर्ज़ निभा रहा...
वो कहता है कि
मुझे भगवान ना समझो इसका मै हकदार नही, पर मै भी एक इंसान हूं
इससे तो तुम्हे कोई एतराज़ नही....

न जाने कितने त्योहार उसने अपने परिवार के बिन मनाए है, दिन रात मेहनत करके उसने भी कुछ सपने सजाए है.....
ना वो किसी से धर्म पूछता ना ही किसी से जात, पूरा देश त्योहार मना रहा वो सेवा कर रहा दिन रात......

68. मंज़िल को हासिल करना है

हैं रांहे मुश्किल पर तुम्हे चलना तो होगा,
अगर मंज़िल को पाना है तुम्हे लडना तो होगा...
रास्तों में मुश्किलें होंगी हज़ार पर तुम्हे चलना तो होगा,
करना है अगर सपना साकार तुम्हे बढ़ना तो होगा..
रान्हे है मुश्किल पर इतनी भी नही कि तू उसे पार कर ना सके, दूर है मंज़िल पर इतनी भी नही कि तू उसे पा ना सके....
कब तक सपनों के सागर में गोते लगाता रहेंगे, जीवन के अनुभव को साथ लेकर जाएंगे अगर जीत ना भी मिला तो कुछ सीख कर जाएंगे!!

69. लॉन्ग डिस्टेंस रिलेशनशिप

कब आएगा वो दिन जब तुम मुझसे मिलने आओगे,
छोड़ कर ये फोन की बातें जब तुम हमे गले लगाओगे।।
तुम्हारे सामने बैठ कर हम बस तुम्हे निहारेगे,
तुम बस बोलते जाना हम बस तुम्हे ही सुनेंगे।।

इंतजार हैं हमे तुम्हारे आने का,
चांद की रोशनी में बैठकर तुमसे बाते करने का।
बहुत हो गई यार अब कॉल पर बाते
अब जो दिल में हैं वो तुम्हे बताना चाहता हूं,
तुम्हे सामने बैठा कर अपने प्यार का इज़हार करना चाहता हूं।।

70. स्कूल का सफ़र

मंज़िल का रास्ता दिखाने वाला वो एक ही सफर था,
लोग उसे स्कूल का नाम देते हैं लेकिन मेरे लिए तो वो दूसरा घर था।।
आधा समय घर तो आधा समय स्कूल में बिताया जाता था,
किसी दिन टीचर का ना आना हमे खुशियां दे जाया करता था।।
वही पर दोस्त बनाना और वही पर कागज़ के एयरप्लेन को उड़ाना,
तभी टीचर का क्लास में आना ओर बच्चो का तुरंत सीधा हो जाना।।
वाशरूम के बहाने पूरे स्कूल का चक्कर लगाया करते थे,
रिसेस से पहले ही हम लंच को खाया करते थे।।
बहुत याद आते हैं वो दोस्त जिन्हे हम बेस्ट फ्रेंड कहा करते थे,
एक दूसरे की हम यूंही जोड़ियां बनाया करते थे।।

71. फॉदर शाहब

करते है फरमाइशें पूरी ये सबकी,
पर अपनी जरूरतों का जिक्र तक नहीं करते।।
हां वो पापा ही हैं जो उठाए रखते है जिमेदारी पूरे घर कि, पर उफ्फ तक नहीं करते।।

72. मेरे सवाल

मेरी बातों को वो यूं घूमा रहा था,
लग रहा था कि कोई बात छुपा रहा था।
मोहब्बत है या कोई खेल बस वो इसी का जवाब बता रहा था।।

73. खुली हवाएं

पुरी रात तुम्हारी सोच में गुज़र जाती हैं, खुली हवाओं में बैठकर चांद से गुफ्तगू लडाई जाती हैं।।
सोचते है कल से नई शुरुआत करेंगे नई सुबह के साथ, कमबख्त फिर से वही रात आ जाती है।।

74. विश्वास

विश्वास के रिश्ते को हम ठुकरा नहीं सकते, बिना विश्वास के हम पत्थर में भगवान बसा नहीं सकते।
विश्वास है मुझे खुद पर की मैं भी एक दिन मंजिल को पाऊंगा, जो बोलते है तुमसे कुछ नहीं होगा एक दिन मैं उनका मुंह बंद कराऊंगा।।

75. हम हर रंग में ढल जाते है

लोग हमपर इल्जाम लगाते है
कि हम रंग बदलते हैं......
अब उन्हे कैसे बताए की हम
पानी की तरह हर रंग में ढल जाते है ।।

76. मेरी जिंदगी

ऐसी तो जिंदगी नहीं हैं मेरी
कि तुम मुझे देखते ही पढ़ पाओ,
अपनी जिंदगी के पन्ने लिखने में
कई साल गवाएं हैं मैंने।।

77. नौकरी ओर कार

छोरी नौकरी वाली भी चाहिए एर दहेज़ मैं कार भी चाहिए
छोरा sub inspector लागा हैं Alto नी Creta चाहिए,
कहा हमने कोए मतलब नी छोरी की नौकरी ते
बस पैसे एर घर का काम टैम पर चाहिए।।

78. तुम्हारी याद

तुम्हारी याद न आए जिस दिन ,
ऐसा कोई दिन ही नही आता..
सोचता हूं की सुकुन से सोऊंगा रात को,
पर ऐसी कोई रात ही नहीं आती।।।

79. तू कोशिश कर

तू क्यों कोशिश करता है सबको खुश रखने की,
यहां तो लोग खुदा से भी नफ़रत करते है।।

80. हम भी तुम्हारी तरह बदल जाए क्या

बदल गए हो तुम हम भी तुम्हारी तरह बदल जाएं क्या
लगा कर यारी तुमसे किसी ओर के हो जाएं क्या।।
कहते हैं की बहुत तकलीफ़ देते हैं हम
तुम कहो तो हम हमेशा के लिए सो जाएं क्या।।

81. वक्त

जब वक्त ही नही हैं उनके पास ,

तो कैसे शुरू करे हम उनसे दिल की बात..
जब जानते हो की हाल बेहाल हैं आपके बिना
फिर क्यों पूछते हो की कैसे हैं आप ।।।

82. जरा खुद के अंदर झांकना सीख लो

ज़रा बात करने का तरीका सीख लो तुम भी,
ज़रा ख़ुद की गलती मानना सीख लो तुम भी
मान लेते है लाख बुरे होंगे हम ....
पर खुद के अंदर झांकना सीख लो तुम भी ।।

83. दर्द

दर्द इतना है इस दिल में की मैं सह नही सकता,
आंसु इतने हैं आंखों में की मैं उन्हें बह नहीं सकता
तुम पूछते हो दर्द देकर की क्या हाल हैं तुम्हारे...
कहना चाहता हूं की कुछ भी ठीक नही है तुम्हारे बिन

बस मैं कह नहीं सकता।।।

84. रोटी की भूख

सारा खेल तो रोटी का है जनाब ,
वरना कौन चाहता है सोती रातों को जागना,
इस महामारी में अपने घर से जाना...
अगर हो पेट खाली तो रामधुन भी कहा भाती हैं
ये भूख तो इंसान को उंगलियों पर नचाती हैं।।

85. शुक्रिया

जख्मों पर नमक छिड़कने का शुक्रिया,
इंसान से पत्थर बनाने का शुक्रिया...
जो कहते थे तेरा परिवार बड़ा खुशहाल है,
पीछे से मेरे घर में आग लगाने का शुक्रिया।।

86. अजमा लो मुझे

बहुत खुश थे ना तुम छोड़ कर मुझे,
फिर क्यों रो दिए गले लगा कर मुझे।।।
बातो बातों में मैंने भी पूछ लिया ...
फिर कैसा लगा गवां कर मुझे ,
ज़िंदगी ने तो अजमाया है अब तुम
भी अजमा लो मुझे।।।।

87. विश्वास

लोग कहते हैं तुम किसी पर विश्वास
क्यूं नही करते....
जनाब विश्वास तो हमे अपनी सांसों
का नही है। कब धोखा दे जाए...
तुम इंसानों पर करने की बात करते हों।।

88. जिंदगी मत गवाया करो यार

यूं मत अपनी ज़िंदगी ग्वाया करो यार
किसी अंजान के लिए, अपने रब पर
भरोसा रखो...
रब तुम्हे वो नही देता जो तुम्हें चाहिए
बल्कि वो देता है जिसके तुम काबिल हो।।

89. हम तो बुरे ही सही है

मान लेता हूं मुझ मे हजार कमियां हैं
मुझे माफ कीजिए.....
पर जनाब ज़रा आप भी तो अपना
आईना साफ कीजिए।।

90. हर हर महादेव

टूटा हूं महादेव लेकिन हारा नहीं हूं
भक्त हूं आपका कोई बेचारा नहीं हूं।।
हर हर महादेव ?

91. किसान

करोड़ों में बिक जाते हैं ये देश के खिलाडी
काश इन किसानों का भी आईपीएल हो जाता
तो आज हमारे देश का किसान सड़क पर ना
उतरता ....
मोदी जी कितना भी digital बना लो इस देश को
पर रोटी तो किसान की मेहनत से ही मिलेगी ....

www.ingramcontent.com/pod-product-compliance
Lightning Source LLC
LaVergne TN
LVHW041715060526
838201LV00043B/746